AF125737

# Einsterns Schwester

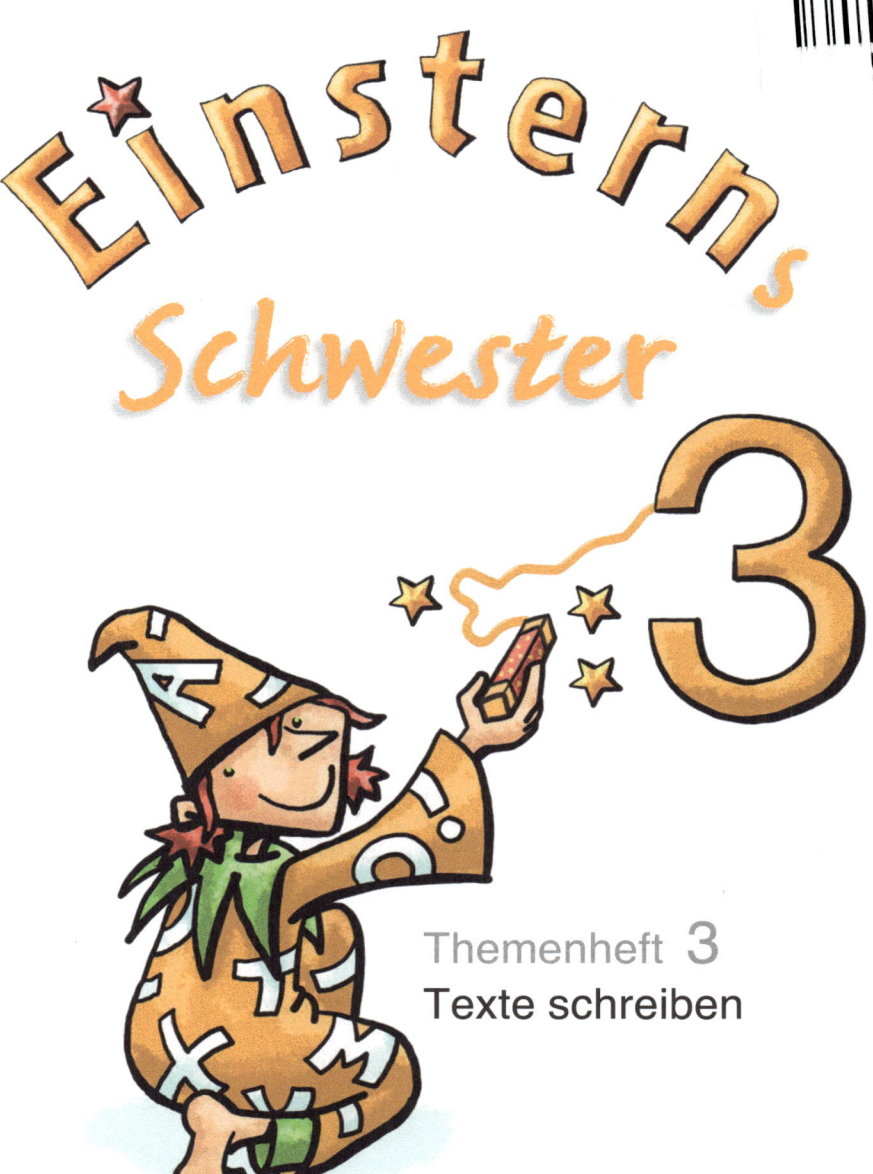

**3**

Themenheft 3
Texte schreiben

Herausgegeben von
Roland Bauer
Jutta Maurach

Erarbeitet von
Ursula Oswald

Cornelsen

# Inhaltsverzeichnis

**Lernportion 1**

*Eine Schreibidee entwickeln*

⭐ 5-Minuten-Schreiben .................................... 5

⭐ Eine Wörtersammlung erstellen .......................... 6

⭐ Oberbegriffe verwenden ................................. 7

☆ Zu einem Bild schreiben ................................ 8

**Lernportion 2**

*Andere schriftlich informieren*

⭐ Merkmale eines höflichen Briefs kennen lernen .......... 9

⭐ Einen höflichen Brief schreiben ....................... 10

⭐ Sich in einem Prospekt informieren .................... 11

⭐ Andere mit einem Plakat informieren ................... 12

**Lernportion 3**

*Erlebnisse erzählen*

⭐ Unterschiedliche Satzanfänge nutzen ................... 13

⭐ Die richtige Zeitform wählen .......................... 14

⭐ Ein Erlebnis abwechslungsreich erzählen ............... 15

⭐ Wortfelder nutzen: sagen .............................. 16

☆ Treffende Wörter finden ............................... 17

**Lernportion 4**

*Lebewesen genau beschreiben*

⭐ Eine Person genau beschreiben ......................... 18

⭐ Nach einem Text einen Steckbrief schreiben ............ 19

⭐ Nach einem Steckbrief einen Text schreiben ............ 20

☆ Ein Fantasietier beschreiben .......................... 21

**Lernportion 5**

*Handlungen beschreiben*

⭐ Eine Anleitung schreiben .............................. 22

⭐ Eine Kochanleitung ordnen ............................. 23

⭐ Ein Kochrezept schreiben .............................. 24

☆ Eine Bastelanleitung schreiben ........................ 25

**Lernportion 6**

*Geschichten planen und schreiben*

⭐ Den roten Faden einer Geschichte kennen lernen ........ 26

⭐ Den Aufbau einer Geschichte erkennen .................. 27

⭐ Eine Einleitung schreiben ............................. 28

⭐ Einen Hauptteil schreiben ............................. 29

☆ Den Schluss einer Geschichte erkennen ................. 30

⭐ Eine Geschichte schreiben ............................. 31

## Lernportion 7

*Geschichten schreiben und überarbeiten*

⭐ Abwechslungsreich schreiben .................................. 32

☆ Wortfelder nutzen: gehen ..................................... 33

⭐ Eine Schreibkonferenz durchführen ...................... 34

⭐ Einen Text überarbeiten ...................................... 35

## Lernportion 8

*Nach vorgegebenen Textmustern schreiben*

⭐ Ein Haiku schreiben ............................................. 36

☆ Ein Parallelgedicht schreiben .............................. 37

⭐ Merkmale von Märchen kennen lernen ................... 38

⭐ Ein Märchen schreiben ........................................ 39

Ich bin Lola und ich helfe dir.

**So kannst du mit den Heften arbeiten**

Du machst alle
Seiten der Lernportion .

Zuerst im
grünen Heft.

Dann im
roten Heft.

Dann im
gelben Heft.

Und dann im
blauen Heft.

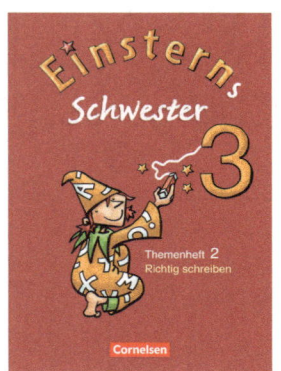

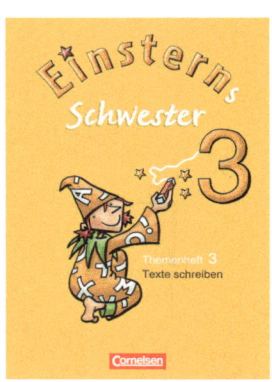

Danach machst du in
allen Heften die Lernportion .

Nun machst du in
allen Heften die Lernportion .

Zu jeder
Lernportion
kannst du
im Arbeitsheft
arbeiten.

Genauso bearbeitest du
alle anderen Lernportionen.

→ AH Seite …
Dieser Hinweis zeigt dir,
dass es eine passende Seite
im Arbeitsheft gibt.

# 5-Minuten-Schreiben

**1** Entscheide dich für ein Bild. Stell dir vor du bist das Kind. Überlege, wo du lieber leben würdest. Begründe deine Entscheidung.

Was ist dir lieber:

Heft 3, Seite 5 ①
Da würde ich lieber leben:
…, weil – …
– …

mit einem Papagei
im Bauer

mit einer Maus im Käfig,

mit einem Fisch
im Glas,

oder mit den Hühnern auf der Stange zu leben …

*John Burningham*

**2** Suche dir ein Partnerkind.
Lest euch gegenseitig eure Hefteinträge vor.
Sprecht darüber.

**3**

# 1. Eine Wörtersammlung erstellen

> **So kann ich Ideen für eine Geschichte aufschreiben:**
> 1. Ich finde ein Thema und sammle Wörter dazu.
> 2. Ich ordne die Wörtersammlung.

**1** Schreibe alle Wörter auf, die dir zum Thema Zirkus einfallen.

Mir fällt auch noch etwas dazu ein!

**2** Lass ein anderes Kind deine Wörtersammlung lesen. Füge seine Ergänzungen hinzu.

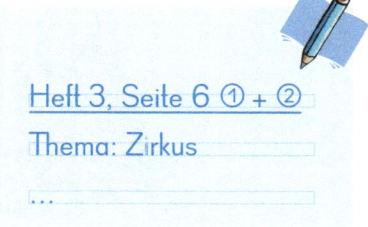

Heft 3, Seite 6 ① + ②
Thema: Zirkus
...

**3** Überlegt gemeinsam, wie ihr die Wörter ordnen könnt.

# 1 Oberbegriffe verwenden

1 Ordne deine Wörter von Seite 6 den Oberbegriffen zu.

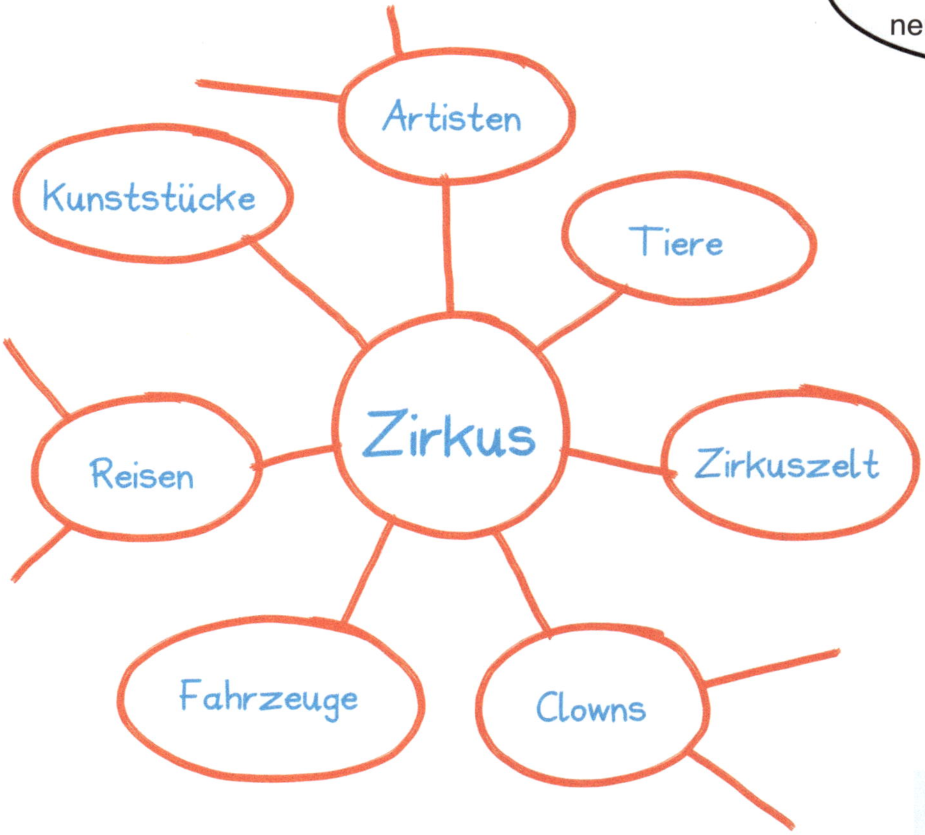
Zirkus
Artisten
Kunststücke
Tiere
Reisen
Zirkuszelt
Fahrzeuge
Clowns

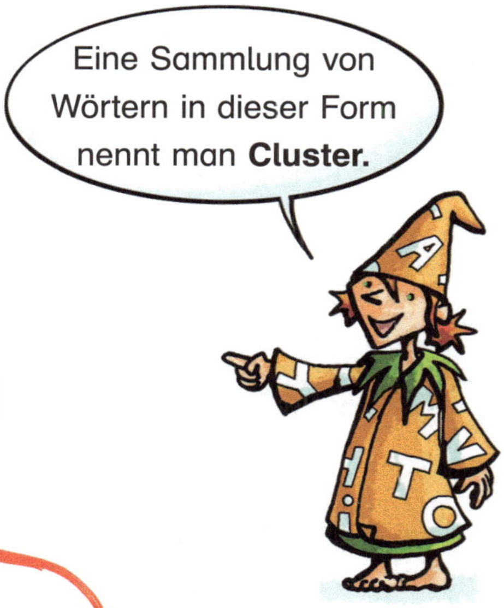
Eine Sammlung von Wörtern in dieser Form nennt man **Cluster.**

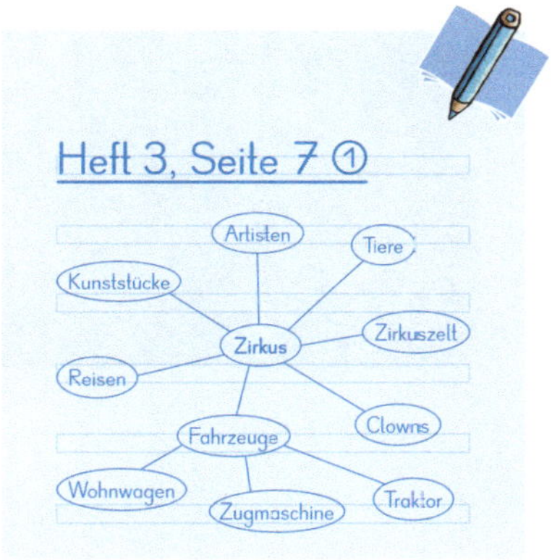
Heft 3, Seite 7 ①
Artisten
Tiere
Kunststücke
Zirkus
Zirkuszelt
Reisen
Fahrzeuge
Clowns
Wohnwagen
Zugmaschine
Traktor

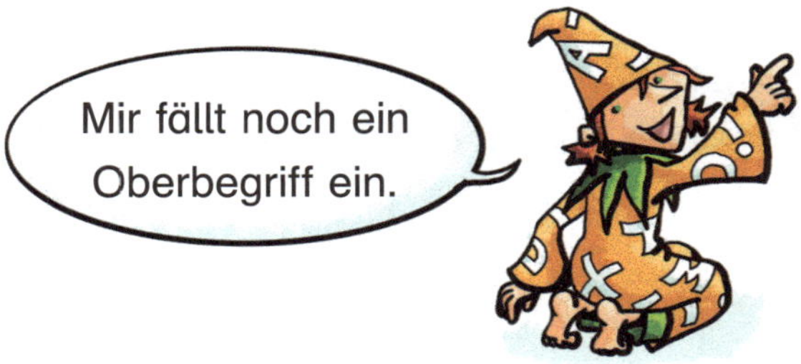
Mir fällt noch ein Oberbegriff ein.

2 Wähle ein eigenes Thema, z. B. Piraten, Haustiere, Reiten, Dinosaurier oder …

a) Sammle dazu Wörter.

b) Finde Oberbegriffe.

c) Erstelle ein Cluster.

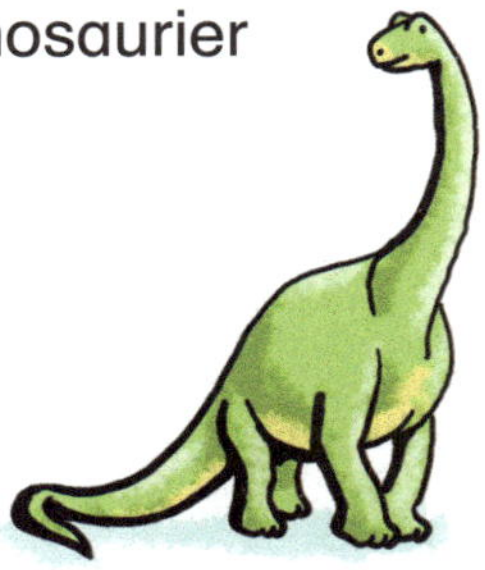

Heft 3, Seite 7 ②
…

→ AH Seite 10

# 1 Zu einem Bild schreiben

**1** Sieh dir das Bild genau an. Stell dir vor, du bist das Kind.
Schreibe zu jeder Frage mindestens einen Satz.

**a)** Was tust du?     **b)** Was denkst du?     **c)** Was fühlst du?

Quint Buchholz. Ausflug (2001)

Heft 3, Seite 8 ①

a) Ich fliege mit den Vögeln ...

b) Ich ...

...

**2**

Ich als König bestimme über alles.

# 2. Merkmale eines höflichen Briefs kennen lernen

**1** Ordne die Begriffe den Erklärungen zu.

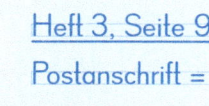

Heft 3, Seite 9 ①
Postanschrift = Ziel, an das ein Brief zugestellt werden soll
...

| Begriffe |
|---|
| Postanschrift |
| Absender |
| Betreff |
| höfliche Anrede |
| PS: |

Postscriptum (= ein Nachsatz in einem Brief, der nach der Grußformel und der Unterschrift steht)

Anliegen einer schriftlichen Nachricht

Person, die einen Brief verschickt

Ziel, an das ein Brief zugestellt werden soll

Anrede einer Person mit Nachnamen und dem Pronomen „Sie"

**2** Ordne die Betreffzeilen den Briefen zu.
Schreibe Betreffzeile und Nummer in dein Heft.

Heft 3, Seite 9 ②
2 = Erlaubnis für ein Klassenfest
...

Erlaubnis für ein Klassenfest

Flohmarktstand auf dem Marktplatz

Lesenacht in der Schule

---

Sehr geehrte Frau Bürgermeisterin, ❶

wir möchten am nächsten Donnerstag auf dem Marktplatz einen Flohmarkt für unsere Klassenkasse abhalten und bitten dafür um Ihre Erlaubnis.

Mit freundlichen Grüßen
Klasse 3 b der Pestalozzi Grundschule

---

Lieber Herr Erdokan, ❸

die Klassen 1 bis 4 möchten gerne am Freitag, den 16.09. eine Lesenacht in der Schule veranstalten.
Bitte schließen Sie dafür um 18 Uhr die Klassenräume auf.

Viele Grüße vom Organisationsteam

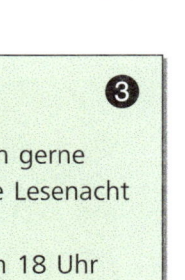

---

Liebe Frau Bauer,

wir würden gerne mal wieder ein Klassenfest feiern. Machen Sie mit?

Herzliche Grüße
Ihre 3 a ❷

**Bei einem höflichen Brief achte ich auf diese Dinge:**

1. Ich schreibe das Datum auf.
2. Ich schreibe eine Betreff-Zeile.
3. Ich achte auf die höfliche Anrede.
4. Ich verwende passende Anredepronomen (Sie, Ihr, Ihre, Ihnen …). Diese schreibe ich groß.
5. Ich beende den Brief mit einer Grußformel.
6. Ich schreibe die Anschrift richtig und lesbar auf den Umschlag.
7. Ich schreibe meine Adresse in die linke obere Ecke des Umschlags.

Die Kinder möchten mit ihrer Schule ein Zirkusfest veranstalten. Dazu müssen sie den Bürgermeister um Erlaubnis bitten.

1 Schreibe einen höflichen Brief oder eine höfliche E-Mail an den Bürgermeister.

Heft 3, Seite 10 ①

Neustadt, den 06.04.20…

Zirkusfest hinter der Stadthalle

Sehr geehrter Herr Bürgermeister,

…

**ZIRKUS**

Juhu! Wir machen ein Zirkusfest mit der ganzen Schule!

Wir müssen erst um Erlaubnis bitten.

Bürgermeister

12.09.

# 2 Sich in einem Prospekt informieren

**Ein Prospekt oder Plakat informiert.**
**Folgende Fragen sollten beantwortet werden:**
Wo? Was? Wann? Wer? Wie teuer?

1 Prüfe, ob der Prospekt die Fragen **Wo? Was? Wann? Wer? Wie teuer?** beantwortet. Schreibe die Informationen auf.

Heft 3, Seite 11 ①
Wo? 78462 Konstanz, ...
Was? ...
...


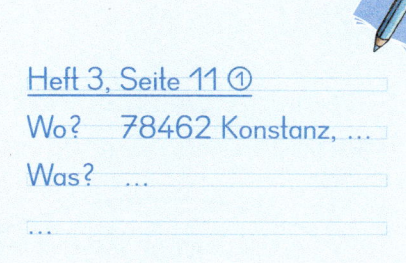

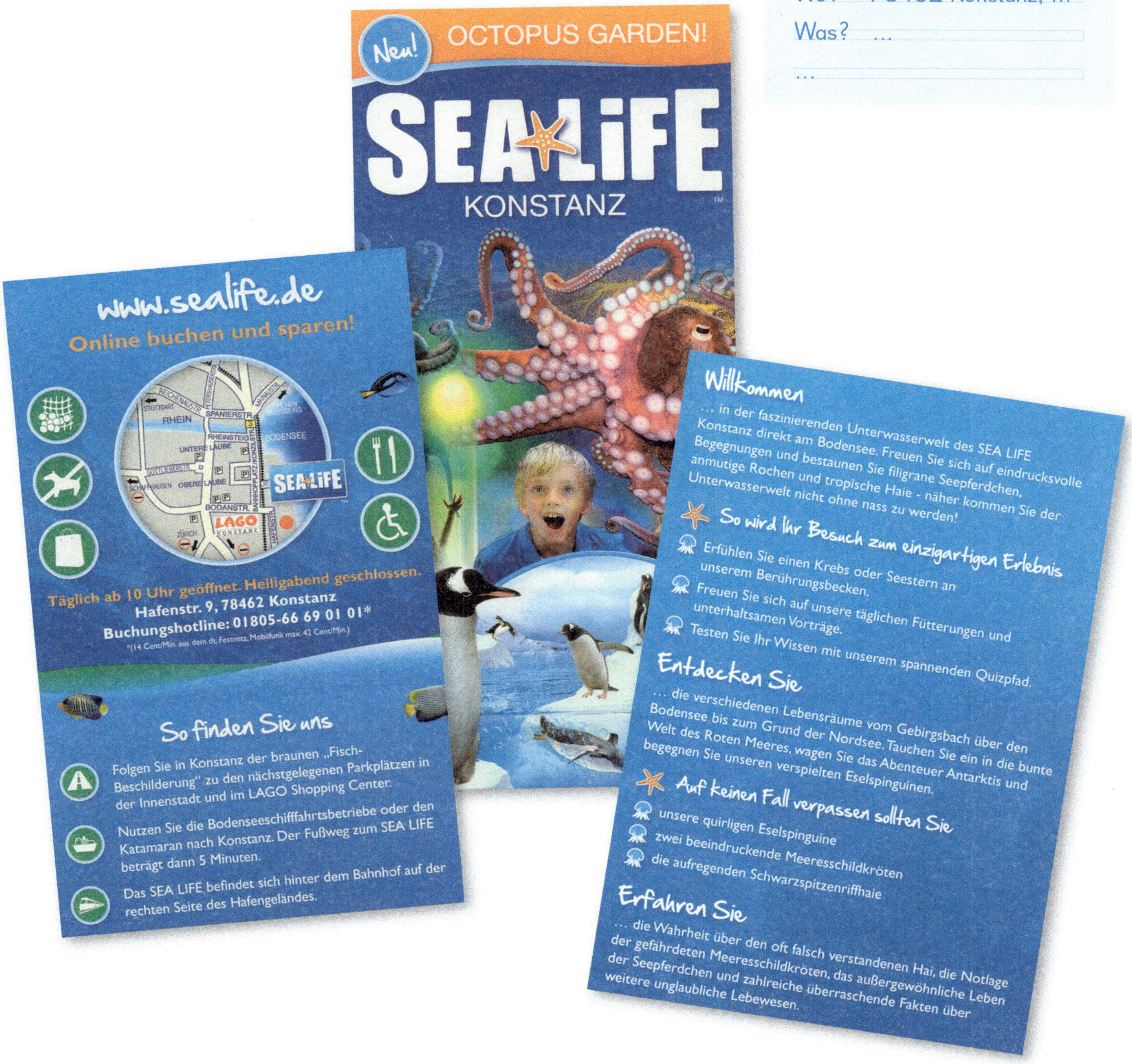

Neu!
OCTOPUS GARDEN!
SEA LiFE
KONSTANZ
www.sealife.de
Online buchen und sparen!
RHEIN
SPANIERSTR.
RHEINSTEIG
BODENSEE
UNTERE LAUBE
OBERE LAUBE
BODANSTR.
LAGO KONSTANZ
SEA LiFE
Täglich ab 10 Uhr geöffnet. Heiligabend geschlossen.
Hafenstr. 9, 78462 Konstanz
Buchungshotline: 01805-66 69 01 01*
*(14 Cent/Min. aus dem dt. Festnetz, Mobilfunk max. 42 Cent/Min.)
So finden Sie uns
Folgen Sie in Konstanz der braunen „Fisch-Beschilderung" zu den nächstgelegenen Parkplätzen in der Innenstadt und im LAGO Shopping Center.
Nutzen Sie die Bodenseeschifffahrtsbetriebe oder den Katamaran nach Konstanz. Der Fußweg zum SEA LIFE beträgt dann 5 Minuten.
Das SEA LIFE befindet sich hinter dem Bahnhof auf der rechten Seite des Hafengeländes.
Willkommen
… in der faszinierenden Unterwasserwelt des SEA LIFE Konstanz direkt am Bodensee. Freuen Sie sich auf eindrucksvolle Begegnungen und bestaunen Sie filigrane Seepferdchen, anmutige Rochen und tropische Haie - näher kommen Sie der Unterwasserwelt nicht ohne nass zu werden!
So wird Ihr Besuch zum einzigartigen Erlebnis
Erfühlen Sie einen Krebs oder Seestern an unserem Berührungsbecken.
Freuen Sie sich auf unsere täglichen Fütterungen und unterhaltsamen Vorträge.
Testen Sie Ihr Wissen mit unserem spannenden Quizpfad.
Entdecken Sie
… die verschiedenen Lebensräume vom Gebirgsbach über den Bodensee bis zum Grund der Nordsee. Tauchen Sie ein in die bunte Welt des Roten Meeres, wagen Sie das Abenteuer Antarktis und begegnen Sie unseren verspielten Eselspinguinen.
Auf keinen Fall verpassen sollten Sie
unsere quirligen Eselspinguine
zwei beeindruckende Meeresschildkröten
die aufregenden Schwarzspitzenriffhaie
Erfahren Sie
… die Wahrheit über den oft falsch verstandenen Hai, die Notlage der gefährdeten Meeresschildkröten, das außergewöhnliche Leben der Seepferdchen und zahlreiche überraschende Fakten über weitere unglaubliche Lebewesen.


→ AH Seite 16

# 2. Andere mit einem Plakat informieren

**So gestalte ich ein Plakat, damit ich andere gut informieren kann:**

1. Ich schreibe deutlich lesbare Textüberschriften.
2. Ich ordne Bilder gerade an.
3. Ich schreibe Erklärungen so groß, dass ich sie aus einer Entfernung von einem Meter gut lesen kann.
4. Ich benutze so wenige Wörter wie möglich.

**1** Entscheide, welches Plakat dich gut informiert.
Begründe deine Entscheidung.

Heft 3, Seite 12 ①

Plakat _ informiert mich gut,

weil ...

Wo? Was? Wann?
Ich weiß gar nicht, was ich
hier machen kann.

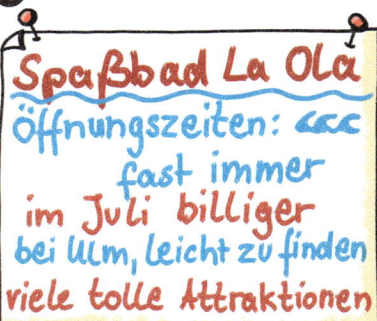

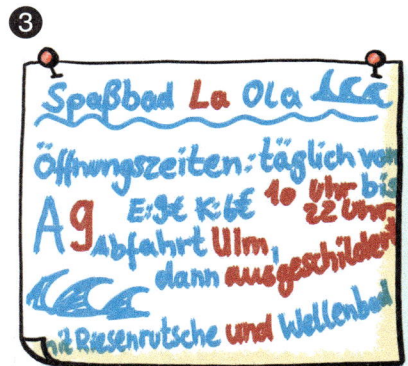

**2** Schreibe selbst ein Plakat für das Schulfest.
Achte auf die Hinweise oben im Kasten.

Heft 3, Seite 12 ②

...

Information an die Klassen:

Am Samstag, den 25. Juni feiern wir wie jedes Jahr unser Schulfest

von 15 Uhr bis 19 Uhr. Die Elternvertreter sorgen für Kuchen, Kaffee,

Grillwürste und kalte Getränke. Jede Klasse bereitet einen Spielstand vor.

Die Lehrer veranstalten eine Tombola. Der Eintritt ist frei.

# 3. Unterschiedliche Satzanfänge nutzen

> **Ein Text wird interessanter, wenn die Satzanfänge unterschiedlich sind.**

**1** Schreibe das Erlebnis auf.
Setze passende Satzanfänge ein.

| Plötzlich | Gestern | Da | Zum Glück |

| Wir | So | Zunächst | Dort | Dann |

**Ein Erlebnis im Wald**

☐ haben wir an einem Orientierungslauf teilgenommen.

☐ trafen wir uns beim Start.

☐ bekam jedes Team eine Karte.

☐ fiel der Startschuss.

☐ standen wir an einer Brücke, die nicht auf der Karte eingezeichnet war.

☐ hatten uns verlaufen.

☐ knackte es auf einmal im Unterholz.

☐ war es ein Streckenposten, der uns weiterhalf.

☐ haben wir das Ziel noch erreicht.

*Heft 3, Seite 13 ①*
*Gestern haben wir …*
*…*

Erzähle dein Erlebnis in der richtigen Reihenfolge.

**2** Schreibe das Erlebnis in der richtigen Reihenfolge auf.
Finde selbst unterschiedliche Satzanfänge.

☐ haben wir uns im Zoo in Gruppen aufgeteilt.

☐ kamen wir müde und zufrieden zu Hause an.

☐ sollten wir zu bestimmten Tieren Fragen beantworten.

☐ sind wir mit der Bahn gefahren.

☐ waren wir zum Schluss auf dem großen Abenteuerspielplatz.

☐ waren wir mit unserer Klasse im Zoo.

*Heft 3, Seite 13 ②*
*Letzte Woche waren wir*
*mit unserer Klasse …*
*…*

# 3. Die richtige Zeitform wählen

> Ich wähle die **Vergangenheitsform,** wenn ich eine Geschichte
> über ein **vergangenes Erlebnis** erzähle oder **aufschreibe.**

**1** Suche dir ein Partnerkind. Erzählt euch gegenseitig ein Pausenerlebnis.
Achtet darauf, dass ihr in der Vergangenheitsform erzählt.

**2** Schreibe das Pausenerlebnis
in der Vergangenheitsform ab.
Unterstreiche die Verben.

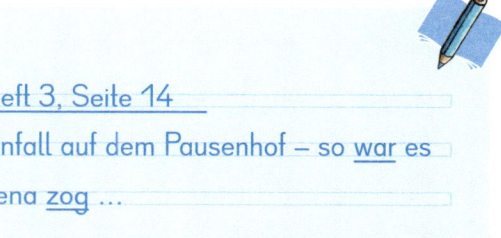

Heft 3, Seite 14
Unfall auf dem Pausenhof – so <u>war</u> es
Lena <u>zog</u> …
…

**Unfall auf dem Pausenhof – so ist es**

Lena zieht an einem Seil einen

Rollwagen, auf dem Mike sitzt.

Sie rennt sehr schnell. Da prallt der Wagen an den Stamm der

dicken Eiche. Mike knallt an den Baum und fällt auf den Boden.

Seine Nase blutet stark und er weint laut. Mike kommt zwei Wochen

nicht in die Schule, denn seine Nase ist gebrochen und er hat

eine Gehirnerschütterung.

# 3 Ein Erlebnis abwechslungsreich erzählen

**1** Erzähle einem Partnerkind, was Vater und Sohn
in der Bildergeschichte erlebt haben.
Denke an die Vergangenheitsform.

**2** Schreibe zu jedem Bild auf,
was Vater und Sohn getan haben.
Finde treffende Verben
in der Vergangenheitsform.
Verwende das Pronomen **er**.

Heft 3, Seite 15

1: er schüttelte, er beobachtete

2:

Denke an
die Vergangenheitsform,
an treffende Verben und
an verschiedene Satz-
anfänge.

**3** Schreibe das Erlebnis
in der Vergangenheits-
form als Geschichte
auf.

Heft 3, Seite 15

...

# 3. Wortfelder nutzen: sagen

**1** Schreibe alle Wörter für sagen
in der Grundform auf.

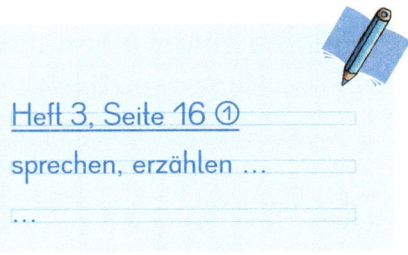
Heft 3, Seite 16 ①
sprechen, erzählen …
…

**Hauchte, wetterte, sprach, brüllt**

Gestern Abend sprach er.

Es war schon dunkel, erzählte er.

Wollte ich zu meinem Schwager, berichtete er.

Aber in dem Fliederbusch vor seinem Haus, raunte er.

Sah ich etwas glühen, zischte er.

Zwei grüne Augen, keuchte er.

Da lauerte ein Gespenst, schrie er.

Ich – , stieß er hervor.

Auf und davon wie der Blitz!, gestand er.

Da hättest du auch Angst gehabt, behauptete er.

Nun haben sie ohne mich Geburtstag gefeiert, jammerte er.

Es war bestimmt sehr lustig, schluchzte er.

Aber das nächste Mal, knurrte er.

Nehme ich einen Prügel mit, drohte er.

Und dann haue ich es windelweich, verkündete er.

Dieses freche, böse, hinterhältige, gemeine …, brüllte er.

Hoffentlich hat es das nicht gehört, hauchte er.

Aber untertags schläft es, versicherte er.

Wahrscheinlich, meinte er.

Dieses verdammte Gespenst, wetterte er.

Oder war es eine Katze?, fragte er.

Das kann gut sein, sagte ich.

*Josef Guggenmos*

**2** Schreibe selbst ein kurzes Erlebnis in der
ich-Form auf. Verwende dabei mindestens
fünf Wörter aus dem Wortfeld sagen.
Achte auf die Vergangenheitsform.

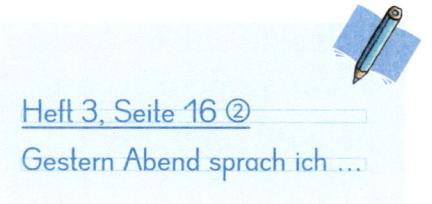
Heft 3, Seite 16 ②
Gestern Abend sprach ich …

# 3 Treffende Wörter finden

**1** Wähle das passende Wort und schreibe die Sätze in dein Heft.

Heft 3, Seite 17 ①
Hänsel und Gretel sahen im Wald ein kleines Häuschen.
...

Es gibt Wörter, mit denen du dir ein Erlebnis besonders gut vorstellen kannst. Oft sind es Wörter, die besonders „klingen".

Hänsel und Gretel sahen im Wald ein kleines (Häuschen/Gebäude).

Ein herrlicher (Duft/Geruch) hing in der Luft.

Die Geschwister (schlichen leise/gingen) zum Haus.

Hänsel (brach/machte) ein Stück Lebkuchen vom Dach ab.

Da (tönte/sagte) eine feine Stimme von Innen:

Knusper, knusper, knäuschen. Wer knuspert an meinem Häuschen?

Da …

**2** Wähle einen schön klingenden Satz aus. Male ihn.

Der Regen tropfte unablässig vom Dach der windschiefen Hütte.

Die Kinder saßen gemütlich in ihrer Höhle aus Decken.

Die winzige Maus versteckte sich zitternd vor dem dicken Kater hinter einem Gänseblümchen.

# 4 Eine Person genau beschreiben

**1** Ergänze in Tims Beschreibung die passenden Adjektive. Nutze auch die Anregungen im Wortkasten.

> Adjektive beschreiben genauer.

Heft 3, Seite 18 ①
Das Kind trägt eine
... Jacke, ...
...

gepunktet ✦

blond ✦ gelockt ✦

geringelt ✦ kurz ✦

lang ✦ bunt ✦

abgewetzt ✦

knallrot ✦

frühlingsgrün ✦

beige ✦ gestreift

> Welches Kind ist gemeint?

> Das Kind trägt eine Jacke, eine Hose und Schuhe. Auf dem Kopf hat es eine Mütze. In der Hand hält es ein Seil.

**2** Lies den Text einem Partnerkind vor.
Wenn es auf das richtige Kind zeigt, hast du es genau beschrieben.

**3** Zeichne selbst eine Person.
Beschreibe sie genau.

Heft 3, Seite 18 ③
...

# 4 Nach einem Text einen Steckbrief schreiben

**1** Schreibe einen Steckbrief über das Schnabeltier.
Nutze die Gliederung.

> Name:
> Herkunft:
> Aussehen:
> Nahrung:
> Besonderheiten:

Heft 3, Seite 19 ①
Name:     Schnabeltier
Herkunft: ...
...

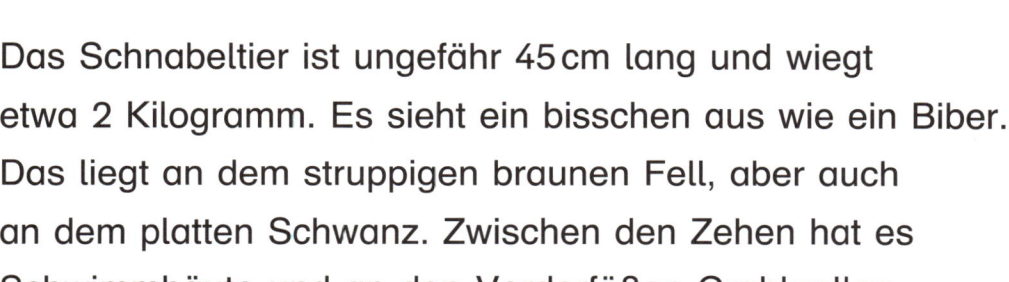

## Das Schnabeltier

Das Schnabeltier ist ein besonderes
Säugetier. Es lebt nur in Australien.

Das Schnabeltier ist ungefähr 45 cm lang und wiegt
etwa 2 Kilogramm. Es sieht ein bisschen aus wie ein Biber.
Das liegt an dem struppigen braunen Fell, aber auch
an dem platten Schwanz. Zwischen den Zehen hat es
Schwimmhäute und an den Vorderfüßen Grabkrallen.

Das Schnabeltier sucht seine Nahrung oft unter Wasser.
Dazu holt es tief Luft und taucht unter. So kann es ungefähr
zwei Minuten unter Wasser bleiben. Der Schnabel dient
zum Gründeln im Schlamm. Dort findet das Schnabeltier
Muscheln, Schnecken, Krabben und Würmer als Nahrung.

Das Schnabeltier ist ein Eier legendes Säugetier.
Das Weibchen legt immer zwei Eier.

Das Schnabeltier ist nachtaktiv.

**2** Wähle ein Tier aus einem Tierlexikon oder aus dem Internet.
Schreibe einen Steckbrief.

# 4  Nach einem Steckbrief einen Text schreiben

**1** Ordne den Steckbrief der passenden Pflanze zu.

Wiesenschlüsselblume    Sumpfdotterblume    Scharbockskraut    Löwenzahn

> **Name:** ?
> **Aussehen:** - sternförmige, gelbe Blüten
> - dunkelgrüne herzförmige bis runde Blätter
> **Standort:** - Wälder
> - Wiesen
> - feuchte Böden
> **Blütezeit:** März bis Mai
> **Nutzen:** - Blätter enthalten viel Vitamin C.
> - Blätter können nur vor der Blütezeit einzeln gegessen werden (später giftig!)
> - früher Mittel gegen Skorbut

**2** Übertrage den Steckbrief in eine ausführliche Beschreibung.

Denke an unterschiedliche Satzanfänge: Sie …, Ihre …, Außerdem …

Heft 3, Seite 20

Die Pflanze heißt …

Sie hat sternförmige Blüten.

Diese sind …

…

# 4 Ein Fantasietier beschreiben

**1** Beschreibe das Fantasietier genau.

Heft 3, Seite 21 ①
Das Tier ...
...

Annika, 10 Jahre

Denke an unterschiedliche Satzanfänge. Verwende treffende Adjektive.

Heft 3, Seite 21 ②
...

**2** Male selbst ein Fantasietier und beschreibe es genau.

**3** Gib deine Beschreibung ohne dein Bild einem anderen Kind. Es malt das Fantasietier, wie du es beschrieben hast. Vergleicht anschließend eure Bilder.

# 5 Eine Anleitung schreiben

**1** Schreibe die Anleitung zum Zähneputzen
in der richtigen Reihenfolge auf.
Ergänze unterschiedliche Satzanfänge.

Heft 3, Seite 22 ①
Zuerst mache ich die ...
...

| Zuerst | Zum Schluss | Dann |

| Danach | Als Nächstes |

drücke ich die Zahnpasta auf die Bürste.

spüle ich meinen Mund aus.

mache ich die Zahnbürste nass.

reinige ich die Zahnbürste unter fließendem Wasser.

putze ich zwei Minuten lang die Zähne mit kreisenden Bewegungen.

**2** Schreibe eine Anleitung zum Haarewaschen.
Die Bilder helfen dir.
Achte auf unterschiedliche Satzanfänge.

Heft 3, Seite 22 ②
...

**3**

Zuerst ...
Danach ...

# 5. Eine Kochanleitung ordnen

**1** Ordne die Beschreibungen den Bildern zu.
Die richtige Zuordnung verrät dir den Namen des Gerichts.

Heft 3, Seite 23 ①
1 = BR, ...
...

Zutaten für 6 Personen:

– 6 Scheiben Toastbrot, Ciabatta oder Baguette

– 6 reife Tomaten oder Tomaten aus der Dose

– Olivenöl

– 1 Prise Salz

– 2–3 Knoblauchzehen

– Basilikum

| T | Mischung auf Brote verteilen |

| US | Olivenöl auf das getoastete Brot träufeln |

| ET | Tomaten mit Salz und Knoblauch vermischen |

| BR | Brot toasten |

| A | mit Basilikum verzieren |

| CH | Tomaten und Knoblauch in Würfel schneiden |

**2** Schreibe die Anleitung in ganzen Sätzen auf.
Achte auf verschiedene Satzanfänge.

Heft 3, Seite 23 ② + ③
Zuerst toaste ich ...
...

Zuerst ...,
Als Nächstes ..., Nun ..., Dann ...,
Danach ..., Daraufhin ..., Zuletzt ...,
Zum Schluss ...

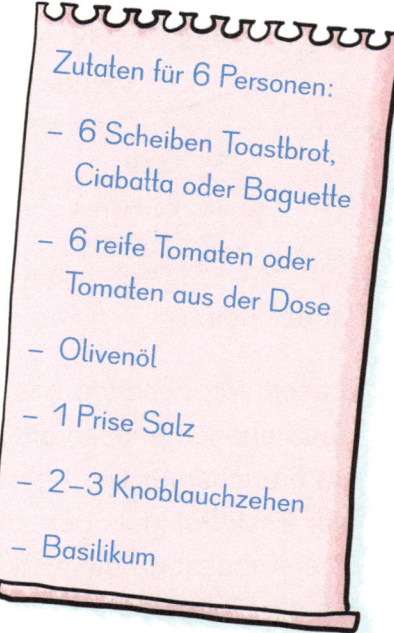

**3** Unterstreiche Satzanfänge und Verben
in zwei unterschiedlichen Farben.

# 5. Ein Kochrezept schreiben

**1** Lies den Brief. Suche alle Zutaten für Rosmarinkartoffeln und schreibe eine Zutatenliste.

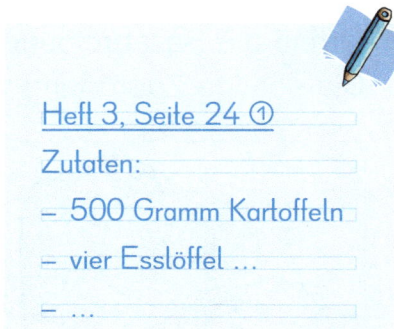

Zu einem Kochrezept gehört eine Zutatenliste mit Mengenangaben. Und ich brauche eine Anleitung, wie ich das Gericht zubereiten und kochen muss.

Heft 3, Seite 24 ①
Zutaten:
– 500 Gramm Kartoffeln
– vier Esslöffel ...
– ...

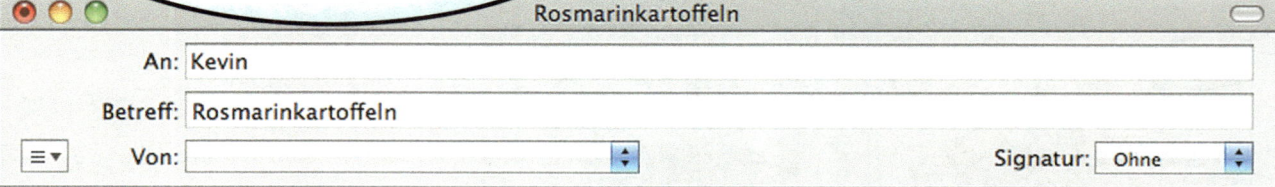

Rosmarinkartoffeln

An: Kevin
Betreff: Rosmarinkartoffeln
Von:
Signatur: Ohne

Lieber Kevin,

letztes Wochenende hast du die leckeren Kartoffeln bei mir gegessen und nun habe ich endlich die Zeit gefunden, dir das Rezept aufzuschreiben. Du brauchst für vier Personen: 500 Gramm Kartoffeln, vier Esslöffel Olivenöl, vier Esslöffel klein gehackten Rosmarin, Salz und Pfeffer zum Würzen. Zuerst musst du die Kartoffeln mit einem Gemüsebürstchen gut abschrubben, bis die Erdreste weg sind und die Haut ganz hell ist. Dann schneidest du die Kartoffeln auf einem Brettchen in Scheiben, zirka einen halben Zentimeter dick. Pass auf, dass du dir nicht in die Finger schneidest. Nun streichst du das Olivenöl auf ein Backblech, bis der Boden bedeckt ist. Danach verteilst du die Kartoffeln auf das Blech. Jetzt kommt der zerkleinerte Rosmarin auf die Kartoffeln. Zum Schluss würzt du mit Salz und Pfeffer. Nimm lieber zu wenig als zu viel, nachwürzen kannst du auf dem Teller immer noch. Nun im Backofen 20 Minuten bei 200 °C backen lassen.

Na, dann lass es dir schmecken

dein Onkel Gustav

**2** Schreibe nach dem Brief die Anleitung für Rosmarinkartoffeln auf. Achte auf unterschiedliche Satzanfänge.

Heft 3, Seite 24 ②
Zuerst schrubbe ich
die Kartoffeln gut ab ...
...

 **Eine Bastelanleitung schreiben**

**1** Sieh dir die Bilder an. Schreibe dann eine Liste mit Dingen, die du zum Basteln der Pop-up-Karte benötigst.

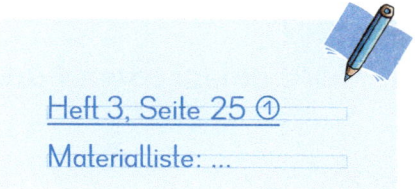

Heft 3, Seite 25 ①
Materialliste: ...

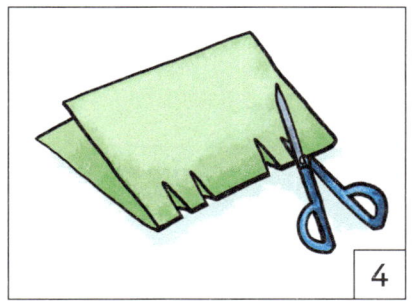

**2** Bastle die Karte nach der Bildanleitung.

**3** Schreibe eine Bastelanleitung auf.
Achte auf unterschiedliche Satzanfänge.
Die Wörter im Kasten helfen dir.

Heft 3, Seite 25 ③
Zuerst falte ich ein Blatt Papier in der Mitte ...
...

aufmalen ✿ ausschneiden ✿ in der Mitte falten ✿ knicken ✿
einschneiden ✿ aufklappen ✿ nach vorne drücken ✿ aufkleben ✿
Zuerst ... ✿ Als Nächstes ... ✿ Danach ... ✿ Dann ... ✿ Zuletzt ...

**4** Gib deine Anleitung einem anderen Kind.
Es soll die Pop-up-Karte nachbasteln.
Stelle so fest, ob du genau beschrieben hast.

# 6. Den roten Faden einer Geschichte kennen lernen

> **Mit einem roten Faden kann ich eine Geschichte sinnvoll zusammenfassen.**

**1** Schreibe zu jedem Abschnitt Stichwörter auf.
Verbinde sie mit einem roten Faden.
Die farbigen Wörter helfen dir.

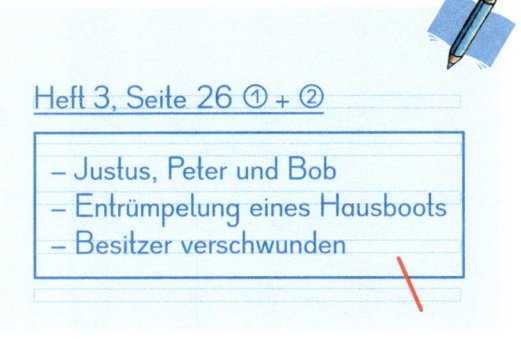

**Die drei ???-Kids – Flucht in die Zukunft**

*Justus, Peter und Bob helfen Onkel Titus
bei der Entrümpelung eines Hausboots.
Der Besitzer ist spurlos verschwunden.*

„Der muss aber sehr plötzlich abgehauen sein", bemerkte Justus und knetete mit Daumen
5 und Zeigefinger seine Unterlippe. „Smith hat nicht mal Kleidung mitgenommen.
Der Schrank ist noch voll und er ist ohne Koffer los", fuhr Justus fort. Justus ging zum
Schreibtisch und durchsuchte die Schublade. „Zumindest hätte er das hier bestimmt
mitgenommen", stellte er fest und hielt eine Brieftasche hoch.

Peter wurde langsam nervös. „Uns kann das doch egal sein.
10 Wir sollen hier lediglich die Bude ausräumen. Lasst uns anfangen!"

Justus schien nicht zu hören und leuchtete mit der Lampe den
Boden ab. „Es scheint auf diesem Schiff ein Geheimnis zu geben.
Und vielleicht liegt die Antwort direkt unter uns." Mit der Hand
strich er über die Klappe zum ehemaligen Maschinenraum und
15 entdeckte einen großen Ring aus Metall.

**2** Schreibe zu jedem Abschnitt selbst 2 bis 3 Stichwörter auf.
Verbinde sie mit einem roten Faden.

*Justus öffnet die Klappe zum Maschinenraum und steigt hinab. Peter und Bob folgen.*

„Seht ihr, was ich sehe?", flüsterte Justus und hielt die Petroleumlampe hoch. Sie standen
gedrängt nebeneinander und blickten auf einen Vorhang aus silbrig schimmernder Folie.
Justus zog mit einem kräftigen Ruck den Vorhang zur Seite.

20 Was sie nun erblickten, lässt sich nur schwer beschreiben. Vor ihnen stand eine Art
Zahnarztstuhl. Ringsherum waren verschiedene Maschinenteile angebracht und hüllten
den Stuhl ein. Im Zentrum hing ein riesiger Kristall.

In dem Raum sah es aus wie in einer Bastlergarage. Überall hing Werkzeug an den Wänden
und auf einem Tisch türmten sich weitere unbekannte Geräte.

*Ulf Blanck*

**3** Schreibe mithilfe deines roten Fadens eine Zusammenfassung.

# 6 Den Aufbau einer Geschichte erkennen

Eine **Geschichte** besteht aus Einleitung, Hauptteil und Schluss.
Die **Einleitung** beantwortet kurz diese Fragen:
**Wer** spielt mit? **Wann** spielt die Geschichte? **Wo** spielt sie?
Der **Hauptteil** erzählt ausführlich, **was** passiert.
Am **Schluss** steht knapp, **wie** die **Geschichte endet**.

**1** Finde Einleitung, Hauptteil und
Schluss der Geschichte.
Schreibe die Zeilennummern auf.

**Die neue Schülerin**

Die Klasse 3 b hatte gerade
Rechnen. Bei Herrn Grempel.
Da klopfte es.
Ein Mann, ein Mädchen
5 und ein Elefant guckten durch die Tür.
„Ist das hier die Klasse 3 b?", fragte der Mann. Herr Grempel nickte verdattert.
„Ich bringe Ihnen eine neue Schülerin", sagte der Mann. „Meine Tochter Inga."
Inga lächelte. „Viel Spaß, mein Kind!", sagte der Vater. „Ich lasse den Elefanten
auf dem Schulhof. Vergiss nicht, ihn zu füttern." Der Elefant winkte mit
10 dem Rüssel. Ingas Vater verbeugte sich bis zur Erde und verschwand wieder.
Inga aber hüpfte zu dem einzigen leeren Platz.
Ganz hinten neben dem dicken Max.

*Cornelia Funke*

Heft 3, Seite 27 ①
Einleitung: Zeile 1 bis Zeile ...
Hauptteil: ...
Schluss: ...

**2** Überprüfe deine Zeilenangaben von ❶
mithilfe der Beschreibungen im Regelkasten.

Heft 3, Seite 27 ③
Einleitung: – neue Schülerin, ...
– morgens
Hauptteil: ...
Schluss: ...

**3** Schreibe die Einleitung, den Hauptteil
und den Schluss der Geschichte
in Stichwörtern auf.

# 6. Eine Einleitung schreiben

**1** Lies den Text.
Überprüfe, ob es sich um eine Einleitung handelt.
Schreibe dazu die Fragen **Wer? Wann? Wo?**
und die passende Antwort in dein Heft.

Heft 3, Seite 28 ①

Wer? ...

Wann? ...

Wo? ...

...

Der tapfere Ritter Klapper wacht immer pünktlich
um Mitternacht auf. Er spukt in einem uralten
Schloss, das in einem See liegt.
Nur über eine alte, rostige Zugbrücke
kann man dorthin gelangen.

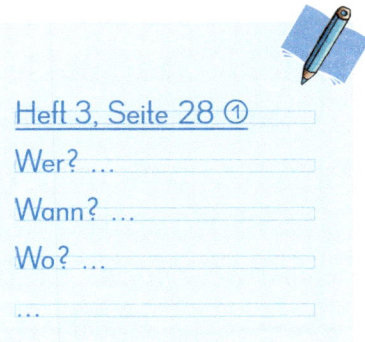

**2** Sammle Ideen für eine eigene Geschichte.

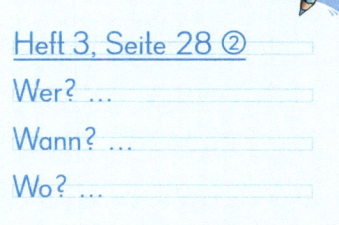

**a)** Wer spielt in dieser Geschichte mit?

Heft 3, Seite 28 ②

Wer? ...

**b)** Wann spielt die Geschichte?

Wann? ...

**c)** Wo spielt die Geschichte?

Wo? ...

...

Heft 3, Seite 28 ③

...

**3** Schreibe die Einleitung zu deiner Geschichte auf.

# 6. Einen Hauptteil schreiben

**1** Lies die Einleitung der Geschichte.

## Rennschwein Rudi Rüssel

Wir haben zu Hause ein Schwein. Ich meine damit nicht meine kleine
Schwester, sondern ein richtiges Schwein, das auf den Namen Rudi Rüssel
hört. Wie wir zu dem Schwein gekommen sind? Das ist eine lange Geschichte.
Zwei Jahre ist das her, da fuhren wir an einem Sonntag aufs Land.
Wir, das sind meine Mutter, mein Vater, meine Schwester Betti, die nur
ein Jahr jünger ist als ich, und Zuppi, meine kleine Schwester.

*Uwe Timm*

**2** Schreibe mithilfe
des roten Fadens
den Hauptteil auf.

> Achte auf
> abwechslungsreiche Satz-
> anfänge. Schreibe in der
> Vergangenheitsform.

Heft 3, Seite 29 ②

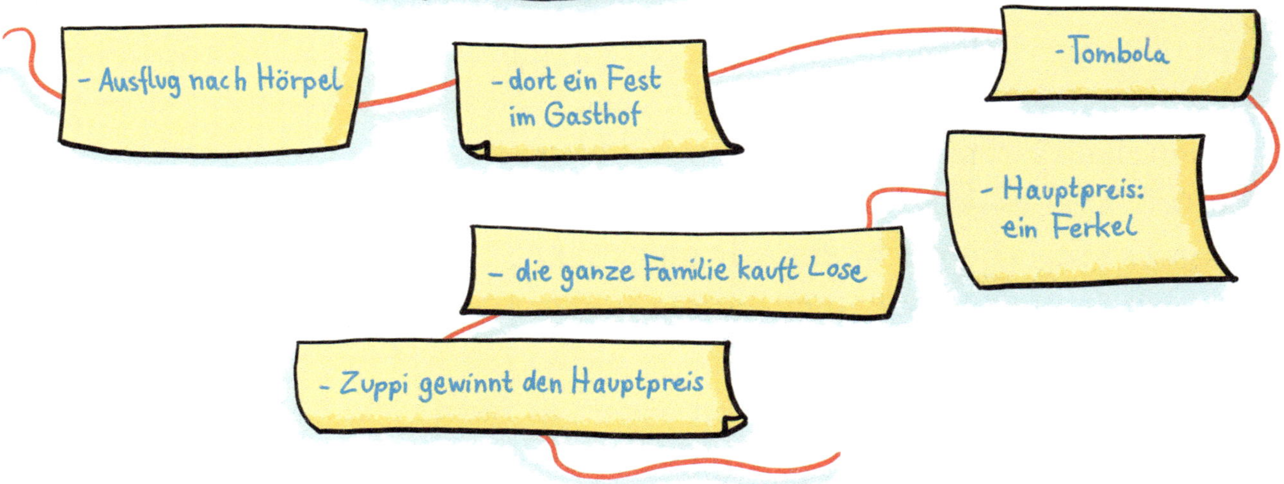

...

- Ausflug nach Hörpel

- dort ein Fest
  im Gasthof

- Tombola

- Hauptpreis:
  ein Ferkel

- die ganze Familie kauft Lose

- Zuppi gewinnt den Hauptpreis

**3** Beende deine Geschichte
mit einem kurzen Schlusssatz.

Heft 3, Seite 29 ③

...

# 6. Den Schluss einer Geschichte erkennen

**1** Finde den Schluss der Geschichte.
Schreibe die Zeilennummern auf.

Heft 3, Seite 30
Der Schluss steht
in den Zeilen ... bis ... .
...

**Ein buntes Land**

Kokokaka war ein Land hinter den Bergen.
Dort lebten die Pumpus schon seit tausend Jahren.
Zu allen Zeiten gab es große und kleine,
dicke und dünne, kluge und dumme Pumpus. Doch so unterschiedlich
5  sie auch waren, eines hatten alle Pumpus gemeinsam: ein blaues Fell.
Bis eines Tages das erste Pumpu mit einem roten Fell geboren wurde.
Seine Eltern erschraken sehr, als sie ihr rotes Kind sahen. Sie wuschen und
schrubbten es immer wieder, aber das Fell ihres Kindes blieb rot. „Ich habe es
trotzdem lieb", sagte die Mutter. Der Vater nickte. „Hauptsache, es ist gesund
10  und wird glücklich." Gesund war das rote Pumpu, aber richtig glücklich nicht.
Denn obwohl seine Eltern es lieb hatten und die meisten Pumpus nett zu ihm
waren, spürte das rote Pumpu, dass es anders war. Und manchmal war es
deswegen traurig.
Einmal meinte ein großes Pumpu: „Ich wünsche mir schon lange ein grünes
15  Fell. Nur habe ich mich bisher nie getraut, das zu sagen." Das große Pumpu
füllte einen Bottich mit Wasser, sammelte verschiedene Kräuter und warf sie
hinein. Bald färbte sich das Wasser grün und das große Pumpu stieg in den
Bottich. Und es dauerte nicht lange, bis ein grünes Pumpu aus dem Bottich
stieg. Es schaute an sich hinunter und strahlte. „Also ich weiß nicht", murmelte
20  ein altes Pumpu, „wir Pumpus waren immer blau. Und ich meine, das sollten
wir auch bleiben." „Du kannst ja blau bleiben", erwiderte das grüne Pumpu.
„Aber mir gefällt mein grünes Fell besser als mein blaues." Auch andere
färbten in den nächsten Wochen ihr Fell und bald gab es Pumpus in vielen
Farben. Zwischen den vielen farbigen Pumpus fühlte sich das rote Pumpu
25  endlich wohl und war
nun sehr glücklich.

*Manfred Mai*

Heft 3, Seite 30
...

**2** Schreibe einen anderen Schluss für die Geschichte.

# 6. Eine Geschichte schreiben

**1** Wähle jeweils ein Stichwort aus und schreibe
die **Einleitung** deiner Geschichte.
Du kannst auch deine eigene Idee verwenden.

Heft 3, Seite 31 ①

…

| Wann? | Wer? | Wo? |
|---|---|---|
| Gestern Abend | ich | im Wald |
| Letztes Wochenende | mein großer Bruder | im Keller |
| In den Ferien | meine Nachbarin | im Bus |
| ? | ? | ? |

**2** Wähle für deine Geschichte eine Person, ein Tier
oder einen Gegenstand aus und schreibe den **Hauptteil**.
Du kannst auch eigene Ideen verwenden.

Heft 3, Seite 31 ②

…

| Person | Tier | Gegenstand |
|---|---|---|
| Oma mit Stock | Esel in Kleidern | Spaten und Rechen |
| Gruppe von Kindern | Katze mit Jungen | Zauberstab |
| Polizist | Adler | Sack mit Kartoffeln |
| ? | ? | ? |

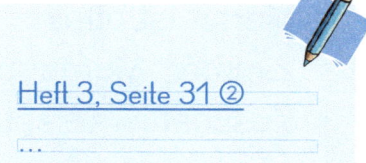

Erzähle spannend und ausführlich, was passiert.

Heft 3, Seite 31 ③

…

**3** Finde einen **Schluss** für deine Geschichte.

# 7 Abwechslungsreich schreiben

**1** Lies die beiden Texte.
Entscheide, welcher Text dir besser gefällt.
Begründe deine Entscheidung.

*Heft 3, Seite 32 ①*
*Mir gefällt Text ... besser,*
*weil ... .*

Eine Geschichte klingt interessanter, wenn nicht alle Sätze gleich beginnen.

> Maren ist alleine in ihrem Zimmer. Maren möchte mit ihren Kuscheltieren spielen. Maren mag den Löwen am liebsten. Der Löwe heißt Leo. Leo hat eine schöne Mähne.
>
> **1**

> Maren ist alleine in ihrem Zimmer. Sie möchte mit ihren Kuscheltieren spielen. Maren mag den Löwen am liebsten. Er heißt Leo und hat eine schöne Mähne.
>
> **2**

**2** Vergleiche die beiden Texte Satz für Satz.
Schreibe auf, welche Nomen im Text 2 durch Pronomen ersetzt wurden.

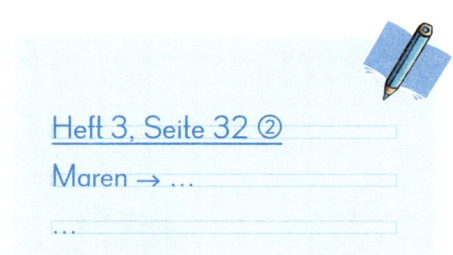

*Heft 3, Seite 32 ②*
*Maren → ...*
*...*

**3** Überarbeite den Text. Vermeide Wiederholungen.
Ersetze Nomen durch passende Pronomen.

Cerda und Benedict sitzen auf ihrem
Lieblingsbaum. Hier haben Cerda und
Benedict einen guten Überblick. Cerda und
Benedict beobachten gerne Vögel.
Cerda und Benedict haben ein Fernglas.
Damit kann man die Vögel auch hoch in der Luft gut erkennen.

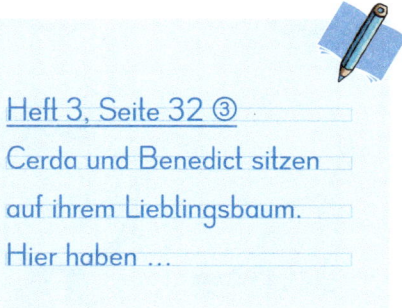

*Heft 3, Seite 32 ③*
*Cerda und Benedict sitzen*
*auf ihrem Lieblingsbaum.*
*Hier haben ...*

# 7 Wortfelder nutzen: gehen

**1** Schreibe alle Wörter aus dem Text auf, die zum Wortfeld **gehen** gehören.

Heft 3, Seite 33

sie kommt, sie trödelt, ...

...

### Auf dem kürzesten Weg

*Kims Mutter möchte, dass Kim nach der Schule direkt nach Hause kommt und nicht trödelt.*

Obwohl Kim sonst sehr gerne bummelt, will sie Mamas Wunsch erfüllen. Nach der letzten Stunde verlässt Kim die Schule. Sie läuft nicht wie gewohnt durch den Vorderausgang. Kim rennt hinter der Schule über den Bolzplatz, geht die Böschung hinauf und kriecht oben durch das dichte Gebüsch. Vor ihr liegen viele kleine Gärten. Vorsichtig stelzt Kim über Blumenbeete, kniehohe Zäune, Salate und Kohlköpfe. Sie klettert über eine leere Hundehütte. Sie überquert eine Straße.

*Werner Färber*

> Treffende Verben machen die Geschichte spannender.

**2** Lies den Text. Ersetze das Wort **gehen** durch ein passendes Wort. Die Wörter im Kasten helfen dir.

Heft 3, Seite 33

Als Tim und ich ...

...

Als Tim und ich heute Abend nach Hause gehen, ist es schon dunkel. Wir gehen durch die Müllerstraße. Dort steht ein unbewohntes Haus. Die Haustür ist offen. Neugierig gehen wir zur Tür. Wir gehen in das Haus hinein, weil wir ein Geräusch hören. Was ist das? Eine Maus geht vorbei. Sie geht in den Keller. Plötzlich hören wir Schritte. Ein Mensch geht zur Haustür und öffnet sie. Was nun?

wandern ✿ laufen ✿
schlurfen ✿ hüpfen ✿
schleichen ✿ eilen ✿
tapsen ✿ hasten ✿
hinken ✿ trödeln ✿
huschen ✿ flitzen

# 7 ⭐ Eine Schreibkonferenz durchführen

> In einer Schreibkonferenz können mir Experten helfen,
> meinen Text zu verbessern:
> der **Aufbauexperte**, der **Verständnisexperte**,
> der **Ausdrucksexperte**, der **Rechtschreibexperte**

Die **Verständnisexpertin** überprüft, ob sie
den Inhalt der Geschichte gut versteht.

Der **Aufbauexperte** achtet
auf den Aufbau der Geschichte.

*Habe ich noch
Fragen zum Inhalt oder zu
bestimmten Wörtern?*

*Sind in der Einleitung
die Fragen Wer? Wann? Wo?
beantwortet? Ist der Hauptteil ausführlich und interessant? Rundet
der Schluss die Geschichte ab?
Stimmt die Reihenfolge?*

Die **Rechtschreibexpertin**
sucht falsch geschriebene Wörter.

*Sind die Satz-
anfänge abwechslungsreich?
Stehen die Verben in der richtigen Zeitform? Werden Wiederholungen und
gleiche Wörter vermieden?*

*Ich markiere
falsch geschriebene Wörter
und schreibe sie richtig darüber.
Wenn ich unsicher bin, kann
ich das Wörterbuch
benutzen.*

Der **Ausdrucksexperte** überprüft,
welche Sätze gut gelungen sind.

**1** Schreibe eine kurze Geschichte über ein Ferienerlebnis, einen Schulausflug,
über dein letztes Wochenende oder … Suche dir drei Kinder,
die als Experten mit dir zusammen deine Geschichte überarbeiten.

**2** Schreibe die Geschichte allein oder gemeinsam
mit deinen Experten-Kindern neu auf.

**1** Überarbeite die Geschichte als Ausdrucks- und Rechtschreibexperte. Schreibe den Text in dein Heft. Besprich deine Überarbeitung mit einem anderen Kind.

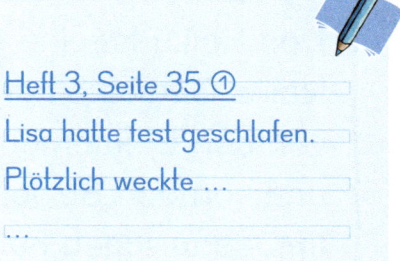

Heft 3, Seite 35 ①
Lisa hatte fest geschlafen.
Plötzlich weckte …
…

Lisa hatte fest geschlafen.

Dann weckte ein Geräuch Lisa auf.

Dann stand sie auf. Dann zog sie

sich an. Der rechte Socken fehlte

und ihr lieblingspulli hatte Flecken.

Lisa war ärgerlich. Lisa packte

schnell noch den Schulranzen.

Lisa wirft die Stifte und die Hefte

in den schulranzen? Lisa setzt sich

schlecht gelaunt an den Frühstückstisch.

Papa bringt Brötchen. Es ist Sonntag.

Lisa hatte das ganz vergessen.

**2** Gib einen Tipp als

a) Aufbauexperte.

b) Verständnisexperte.

Heft 3, Seite 35 ②
a) …
b) …

→ AH Seite 54      Lernportion 7: Geschichten schreiben und überarbeiten      35

# 8 Ein Haiku schreiben

Das Haiku ist eine japanische Gedichtform.
Haiku-Gedichte handeln von der Natur, von den Jahreszeiten,
von den Elementen Feuer, Wasser, Luft, Erde
und von den Beziehungen einer Person dazu.
Im Japanischen haben Haikus eine feste Silbenzahl.
Die drei Verse enthalten 17 Silben.
1. Zeile = 5 Silben,   2. Zeile = 7 Silben,   3. Zeile = 5 Silben

**1** Überprüfe, ob beide Gedichte Haikus sind.
Zähle die Anzahl der Silben in jeder Zeile. Überprüfe den Inhalt.

Die schwarzen Schwalben
Nun dort in Reihe sitzen
Wie das so üblich

Kusadao

Sonnenwarmer Tag
Am Zaun des Frühlingsgartens
Hängt noch ein Fäustling

Alexandra von Marmu, 11 Jahre

**2** Ein Haiku handelt vom Winter und das andere vom Frühling.
Sortiere die beiden Haikus. Schreibe sie richtig auf.

Heft 3, Seite 36 ②

...

Es donnert und blitzt.
Flocken fallen leicht.
Schneemann lacht mit großem Mund.
Gräser und Blumen schwanken.
Naturgewalten.
Winterwunderwelt.

**3** Schreibe selbst ein Haiku.
Achte auf den Bauplan.

Heft 3, Seite 36 ③

...

# 8 Ein Parallelgedicht schreiben

**①** Übersetze das avenidas-Gedicht
und schreibe es in dein Heft.

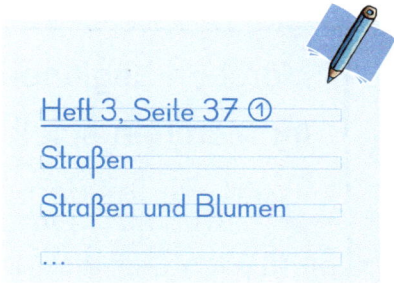

Heft 3, Seite 37 ①
Straßen
Straßen und Blumen
...

avenidas
avenidas y flores

flores
flores y mujeres

avenidas
avenidas y mujeres

avenidas y flores y mujeres y
un admirador

*Eugen Gomringer*

| | | |
|---|---|---|
| avenidas | = | Straßen |
| y | = | und |
| flores | = | Blumen |
| mujeres | = | Frauen |
| un admirador | = | ein Bewunderer |

**②** Zeichne mit verschiedenen Farben
den Bauplan des Gedichts in dein Heft.

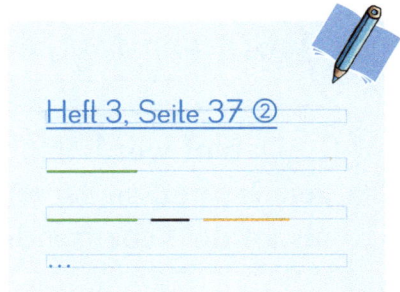

Heft 3, Seite 37 ②
...

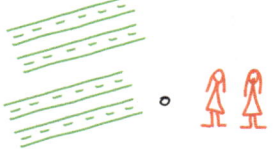

**③** Finde selbst Wörter. Schreibe ein eigenes Gedicht nach dem Bauplan.

# Merkmale von Märchen kennen lernen

> Märchen beginnen und enden ähnlich.
>
> Im Märchen spielen bestimmte Zahlen (3, 7, 12), Orte (Schloss, Wald, hinter den sieben Bergen) und wundersame Gegenstände (ein sprechender Spiegel, ein vergifteter Apfel) eine Rolle.
>
> Es gibt Fantasiefiguren (Hexe, Fee, Riese, Zwerg) und Menschen (Prinzessin, König, Stiefmutter, Bauer).

**1** Ordne die Textausschnitte in

**a)** Märchenanfänge.

**b)** Märchenenden.

Heft 3, Seite 38 ①
a) Märchenanfang: 2, …
b) Märchenende: …
…

**1** Und wenn sie nicht gestorben sind, dann leben sie noch heute.

**2** Es war einmal ein König. Er besaß einen unvorstellbar wertvollen Ring. Denn in diesem Ring lag das ganze Geheimnis von des Königs Macht.

**3** Darauf wurde Hochzeit gefeiert und sie lebten glücklich bis an ihr Lebensende.

**4** In einem Land, jenseits der weißen Berge, lebte einmal eine Prinzessin, die nicht wusste, dass sie eine Prinzessin war.

**5** Der Hans aber hat die Tochter geheiratet und ist König geworden.

**6** Vor langer, langer Zeit, als Wünschen noch geholfen hat, lebte ein armer Mann mit seiner Frau in einer kleinen, alten Hütte.

**2** Schreibe selbst einen Märchenanfang. Denke an besondere Orte, bestimmte Zahlen und wundersame Gegenstände.

Heft 3, Seite 38 ②
…

# 8. Ein Märchen schreiben

**1** Lies den Märchenanfang. Finde mindestens fünf Dinge, die ein Märchen kennzeichnen. Schreibe sie auf.

Heft 3, Seite 39 ①
– der Beginn: „Es war einmal …"
– …

## Die drei Brüder

Es war einmal ein König. Er hatte keinen Sohn, nur eine einzige Tochter, die war immer krank, und kein Doktor konnte sie heilen. Da wurde dem König von einer Hexe geweissagt, seine Tochter werde sich an Äpfeln gesund essen. Da ließ er durch sein ganzes Land bekannt machen, wer

5 seiner Tochter Äpfel bringe, dass sie sich daran gesund essen könne, der solle sie zur Frau haben und König werden.

Das vernahm auch ein Bauer, der drei Söhne hatte. Da sagte er zum Ältesten: „Nimm einen Handkorb voll von den schönen Äpfeln und trag sie zum Hof; vielleicht kann sich die Königstochter gesund daran essen,

10 und du darfst sie heiraten und wirst König."

Der Junge machte es so und nahm den Weg unter die Füße. Wie er nun eine Zeit lang gegangen war, begegnete ihm ein kleines eisgraues Männlein, das fragte ihn, was er in dem Handkorb hätte, da sagte der Junge „Froschbeine". Das Männlein antwortete darauf: „So soll es sein

15 und bleiben", und ging weiter.

Endlich kam der Junge vor das Schloss und ließ sich anmelden.

*Brüder Grimm*

**2** Schreibe das Märchen zu Ende.

# Einsterns 3
## Schwester

Themenheft 3

Texte schreiben

Herausgegeben von: Roland Bauer, Jutta Maurach

Erarbeitet von: Ursula Oswald
und der Redaktion Primarstufe

Redaktion: Mirjam Löwen

Illustration: Yo Rühmer

Umschlaggestaltung: klein & halm, Berlin

Layout und
technische Umsetzung: Katrin Tengler

**Textquellen**

**11** © SEA LIFE Konstanz

**16** Guggenmos, Josef: Hcuchte, wetterte, sprach, brüllt. Aus: Wenn Riesen niesen. Ueberreuther, Wien und Heidelberg 1980

**26** Blanck, Ulf: Die drei ???-Kids. Flucht in die Zukunft (Ausschnitt, gekürzt). Deutscher Taschenbuch Verlag, München. 4. Auflage 2009

**27** Funke, Cornelia: Die neue Schülerin (Ausschnitt). Aus: Das verzauberte Klassenzimmer. Loewe Verlag, Bindlach 2009

**29** Timm, Uwe: Rennschwein Rudi Rüssel (Ausschnitt). Zürich/Frauenfeld: Verlag Nagel und Kimche 1989

**30** Mai, Manfred: Ein buntes Land. Aus: Kunterbunte 1, 2, 3 Minutengeschichten. Ravensburger Buchverlag, Ravensburg 2006

**33** Färber, Werner: Auf dem kürzesten Weg (gekürzt, Ausschnitt). © Werner Färber

**36** Haiku (Titel hinzugefügt). Aus: Jan Ulenbrook (ausgewählt und übersetzt), Haiku © 1998 Philipp Reclam jun. GmbH & Co

**37** Gomringer, Eugen: avenidas. Aus: Grundschulmagazin, 12 (1985) 2, S. 25–26

**39** Grimm, Jacob und Wilhelm: Die drei Brüder (Ausschnitt, Überschrift verändert). Aus: Kinder- und Hausmärchen. Frankfurt a. M./Leipzig: Insel Verlag 1992

**Bildquellen**

**5** Burningham, John: Was ist dir lieber …, 4 Motive: Mäusekäfig, Goldfischglas, Vogelbauer, Hühner; Sauerländer, 6. Auflage 2006

**6** Quint Buchholz/Michael Krüger, Ausflug. Sanssouci-Band im Carl Hanser Verlag „Wer das Mondlicht fängt", Bilder und Gedichte, 2001, S. 161

**17** Der letzte Apfel. Aus: e. o. plauen „Vater und Sohn" in Gesamtausgabe Erich Ohser © Südverlag GmbH, Konstanz, 2000

**19** © Zoonar.com/Ingo Schulz

**20** 1: OKAPIA, 2: J. Lantelme, Kassel, 3, 4: blickwinkel

**www.cornelsen.de**

1. Auflage, 9. Druck 2022

Alle Drucke dieser Auflage sind inhaltlich unverändert
und können im Unterricht nebeneinander verwendet werden.

© 2011 Cornelsen Verlag, Berlin
© 2022 Cornelsen Verlag GmbH, Berlin

Druck und Bindung: Livonia Print, Riga

ISBN 978-3-06-080154-1